DICTIONNAIRE Argot-Français

Par Napoléon HAYARD

Copyright © 2022 by Culturea
Édition : Culturea, le patrimoine des lettres (Hérault,34)
Mail : info@culturea.fr
Retrouvez notre catalogue sur culturea.fr
Impression : BOD - In de Tarpen 42, Norderstedt (Allemagne)
ISBN : 9782385087289
Dépôt légal : Novembre 2022

—Comment, une biographie? Non mais, Madame!... Vous n'y songez pas, si Hayard nous entendait, il s'écrierait:

—Une biographie?... Pourquoi pas une statue?... Avec une mominette à la main... Ah! zut! Mort aux vaches!!

Et le public, quel intérêt voulez-vous qu'il prenne à la lire? Me voyez-vous racontant ce bon gros vivant, plein de santé, un sourire toujours fleurissant ses lèvres; avenant, la main tendue—souvent pour donner, discrètement, l'aumône coutumière,—ce fantaisiste, toujours dans l'actualité, la devançant parfois, qu'on rencontrait dans un coin du *Croissant,* son vaste feutre penché sur l'oreille; rêveur, une cigarette rarement allumée entre les doigts; ce brave homme qui vous prenait le bras, ayant toujours une anecdote à conter.

—Venez prendre quelque chose.

On partait—et c'étaient alors d'interminables palabres.

—...En 1870, pendant le siège, ma mère était seule, vieille, sans argent, ayant de plus à sa charge ma sœur, veuve avec trois enfants, moi, sans travail, malheureusement. Je n'hésitai pas. Afin que ma sœur ait l'autorisation d'avoir une cantine qui permît de vivre à la maisonnée, je m'engageai... (il commençait à rire)—Oui, je m'engageai... dans la marine... *de la Seine*!

Puis, il buvait une goutte d'absinthe, non sans avoir, au préalable, fait passer, en tournant vivement son verre, une partie du liquide par dessus les bords.

1

Son ami, Ernest Gegout en a fait, en marin de la Commune, une bien amusante description.

«Napoléon Hayard épate les légions communardes par sa somptuaire. Un yatagan a deux mains, enrichi de pierreries, pend à son côté, retenu par une corde. Au rapport, il le tire chaque matin, avec un air sombre et des yeux farouches, pour tailler son crayon!... A sa ceinture de flanelle rouge sont retenus des pistolets à crosses formidables incrustés d'or, et il chausse des bottes profondes, à revers rouges, le tout chipé, par inadvertance, au cours d'une perquisition chez le général de Galliffet.»

On pourrait aussi conter cette abracadabrante histoire des sifflets à roulettes que la préfecture de police vint lui acheter pour en empêcher la vente sur le passage d'un Président de la République.

Vous vous souvenez, Madame, qu'il courut tous les fabricants, pour en avoir quelques milliers, car il n'avait jamais eu l'idée d'en vendre, et qu'il réussit ainsi une excellente opération avec ces messieurs de la *Tour pointue.*

Vous voudriez sans doute aussi que je narre l'histoire de quelques-unes des manifestations politiques «spontanées» dont certains furent les héros, mais où il eut surtout la plus large part, au point de croire que c'était à lui que ces manifestations s'adressaient. Je me souviens d'une, principalement, où, tout le long des boulevards, dans la voiture de celui auquel les cris et les vivats étaient destinés, il saluait, se levait, agitait son feutre, un feutre gris, ce soir-là— étendant ses grands bras dans un mouvement rythmique de chef d'orchestre, comme pour tempérer ou accentuer les clameurs.—Et la foule, dans le clair-obscur de minuit, confondant grâce à sa barbe, lui et son client, l'acclamait, réellement séduite par l'énergie de sa mimique et de son allure.

Et, aussi son triomphal voyage à Londres—dernière étape de sa vie si mouvementée—où, pour faire vendre et chanter sa fameuse chanson, *Viens Mimile,* il partit à la suite du Président Loubet en Angleterre!—Il obtint un tel succès de curiosité que tous les journaux anglais donnèrent son portrait à côté de celui de M. Loubet, si bien que le peuple anglais dut se demander lequel des deux conduisait le char de l'Etat: le Président ou l'Empereur... des camelots?

Quand je songe à cette exubérance, à ce désir de vie, à cet amour du mouvement dont il était si plein, lui, l'homme des foules, l'ami du progrès, qui faisait de la «*rue*» son domicile privilégié—abandonnant le sien, si doux et si confortable—et qui fut tué, au coin d'une rue du «Croissant», par une automobile lancée à toute vitesse, tué par le progrès, dans la «*rue*», chez lui! Je sens une pointe de tristesse monter de mon cœur à mes yeux.

<hr>

Et puis ne pensez-vous pas qu'il faudrait aussi dire qu'il connut les personnalités les plus hautes de la République,—qu'on lui confia même des secrets d'Etat—qu'il connut maints complots. Que sais-je encore? Et tout ça pour faire savoir au lecteur que Napoléon Hayard, par sa vie, était à même de parler et de connaître l'argot moderne. Mais son nom seul suffit à l'affirmer: «Napoléon Hayard, l'*Empereur des Camelots*!» Je crois que cela indique assez bien son homme. Croyez-moi, pas de biographie. Non madame! non n'insistez pas! Au revoir...

...Au revoir!

...Revoir!

L.C.

<hr>

NOTICE

Napoléon Hayard fut un des hommes qui connurent le mieux les gens et les mœurs de notre époque.

La documentation que nous livrons aujourd'hui au public, est donc le résultat de la vie même de notre ami.

On ne doit pas s'attendre à trouver ici un travail d'érudition, comme les dictionnaires d'Alfred Delvau, Jean Rigaud, Lorédan Larchey ou Charles Virmaître. Hayard a noté ce qu'il entendait, sans rechercher si les expressions avaient quelques liens de parenté avec les argots classiques: celui des antiques *mercelots*, celui du Temple, ou celui des Barrières. L'argot se modifie d'époque en époque et devient, d'une génération à l'autre, dissemblable à lui-même. Un argotier archaïque, Ollivier Chéreau, l'expliquait ainsi déjà au XVIe siècle:

«Ce sont les plus sçavants les plus habiles *marpants de... toutime l'argot...* qui enseignent le *jargon à rouscailer bigorne*, qui ostent, retranchent, réforment l'argot ainsi qu'ils veulent, et ont puissance *de trucher sur le toutime sans ficher floutière...*»

Ces phrases ne seraient aujourd'hui comprises par aucun *dos, barbe* ou *monte-en-l'air*. Ce qui prouve que l'argot s'est modifié et simplifié depuis les *cagouts* et truands de la Cour des Miracles.

On ne rencontrera dans ce dictionnaire, que des termes *actuellement en usage*.

Nous n'avons pas cru devoir faire figurer les locutions qui ne sont que des mots français déformés, dont on a seulement altéré le préfixe et la terminaison, comme le *javanais* ou l'argot de *louchèbem*. Ces locutions appartiennent à divers jargons et non au véritable argot.

Que les curieux y trouvent quelque distraction, que les honnêtes gens y puisent une arme de défense contre les malfaiteurs, c'est tout ce qu'ambitionnait l'auteur.

Son collaborateur:

MARIUS RETY.

A

Abatage.—Reprimande, de patron à ouvrier.

Abatis.—Les membres du corps humain.

Abbaye de Monte-à-Regret.—L'échafaud.

Aboulement.—Accouchement.

Abouler.—Donner, à regret.

Acajou.—Chauve.

Accoucher.—Avouer.

Accouplée.—Tribade.

Accrocher, agrafer, amarrer.—Arrêter, aborder quelqu'un.

Achate.—Ami.

Acrès!—Méfiance! Chut! Gare!

Affameur.—Exploiteur.

Affranchi (être).—Connaître une question, ne rien craindre.

Affranchir.—Débaucher.

Affure.—Profit, bénéfice, gain, licite ou non.

Affûter.—(ses crochets, ses crocs, ses meules, ses tabourets) manger.

Affûter ses pincettes.—Danser.

Agoua.—Eau, (de l'espagnol **agua**).

Aguicher.—Prendre, saisir.

Albache.—Faux nom.

Alboche.—Allemand.

Alentoir.—Alentour.

Aller à crosse.—Avouer.

Aller à dame.—tomber comme une masse.

Aller à Niort.—Nier, ignorer.

Aller au refil.—Dénoncer.

Aller voir défiler les dragons.—Se passer de manger.

Alliances (les).—Les poucettes.

Allumeur.—Agent provocateur.

Alpague.—Paletot (d'alpaga).

Alphonse.—Homme qui vit de la prostitution.

Aminche.—Ami.

Amiral.—Couteau (argot de bagne).

Amoché.—Abimé, blessé.

Amocher.—Frapper.

Anguille.—Ceinture.

Antifer.—Entrer.

Antifs.—Chemin.

Apôtres (les).—Les doigts des mains.

Apéro.—Absinthe (d'apéritif).

Arcasien.—Voleur au trésor caché.

Arçonneur.—Voleur qui fait le guet.

Ardents (les).—Les yeux.

Arlequins.—Débris d'aliments mélangés.

Arnacher.—Maquiller un objet.

Arnaque (l').—La police.

Arnaquer.—Abimer, recevoir ou donner des coups, machiner quelque chose.

Arpète.—Apprenti.

Arpions (les).—Les pieds.

Arranger.—(Voyez arnaquer) tromper.

Arrêter les frais.—Cesser.

Arnif.—Police.

Arroser.—Payer, donner des acomptes.

Artiche.—Porte-monnaie.

Artif.—Pain.

As de Carreau.—Sac de soldat.

Aspic.—Avare.

Astèque.—Individu maigre, chétif, grêle.

Atout.—Courage, audace, coup.

Attache.—Boucle.

Attiger.—Frapper.

Aubert.—Argent.

Auguer, antifler de sec.—Se marier.

Autor et Achar (d').—D'autorité, avec acharnement.

Avaler sa chique.—Mourir.

Avant-scènes (les).—Les seins.

Avaro.—Accident.

Avoine.—Coup.

Avoir.—(verbe) je l'aurai, tromper.

—Une plombe et mèche de poireau! Pas un laune alentoire... j'vois qu'tringle comme pante, et la neuille qui s'débine!...

—Calletez, v'la un gnière qui rapplique! Planque toi, contre le bouclard, j'vais l'faire moi-même, et gâfe bien. Si l'gonse se r'biffe prends ta rallonge, on le refroidit! En cas d'pet, on s'déhotte, et randève à la piôle pour le pied.

—Une heure et quart d'attente! pas un agent alentour... je ne vois rien comme victime, et la nuit qui s'en va!

—Tais-toi, voilà un passant qui vient, prends ton couteau, cache-toi contre la boutique, je vas le dévaliser seul, et surveille bien. S'il se débat, prends ton couteau on le tue! Si les agents s'en mêlent, on se sauve, et rendez-vous à la chambre pour le partage.

—**Tu vas t'placarder lago en quarante? Y passe pas lerch de treppe, tu vas pas dérouiller!**

—Tu vas t'installer là pour vendre? Il ne passe pas beaucoup de monde, tu ne vas rien faire!

B

Babillard.—Papier (à écrire).

Babillarde.—Lettre.

Babilleuse.—Bibliothèque.

Bâche.—Casquette.

Bâcher.—Se coucher.

Bâffre.—Gifle, coup.

Bâffrer.—Manger goulûment.

Bafouiller.—S'embrouiller en parlant.

Bagnole.—Vieille voiture.

Bagotier.—Homme qui courre après les fiacres pour monter les malles.

Baguenaude.—Poche.

Baguenauder.—Flâner.

Baisé.—Dupé.

Baiser (quelqu'un).—Le tromper.

Balancé (être).—Renvoyé d'une place.

Balançon.—Marteau.

Balanstiquer.—Chasser, jeter.

Ballader.—Promener.

Ballon.—Prison.

Balochard.—Fainéant.

Baluchon.—Paquet de peu d'importance.

Banque (la).—Le monde des forains.

Baquet (insolent, à deux pattes).—Blanchisseuse.

Barbaque.—Viande de mauvaise qualité.

Barbautier.—Gardien de prison.

Barbe, barbiset, barbeau, bouffeur de blanc.—Homme qui vit de la prostitution.

Barbe (avoir la).—Etre ivre.

Barber.—Ennuyer.

Barouf (faire du).—Faire du tapage.

Basse (la).—La terre.

Bastringue.—Bal de bas étage.

Bath.—Bien, beau.

Battage.—Mensonge, fausseté.

Battant (le) le bocal.—L'estomac.

Battaudier.—Mendiant.

Battre comtois.—Faire le compère.

Bauce.—Patron.

Bauche.—Cartes à jouer.

Bavard.—Avocat.

Baveux.—Savon.

Bec, bécot.—Bouche.

Bécane.—Machine.

Bêcher.—Blaguer, débiner.

Bêcheur (avocat).—L'avocat général.

Becqueter.—Manger.

Bénard.—Pantalon.

Benoît.—Souteneur.

Berge.—Année.

Berline.—Couverture.

Beuglant.—Café-concert.

Bibasse.—Vieille femme.

Bibine.—Assommoir, mauvaise bière.

Biche (ça).—Ça va!

Bicher.—Aller à souhait.

Bidard.—Heureux, chançard.

Bidoche.—Viande.

Bidon.—Marchandise truquée, ventre.

Bidonnier.—Qui vend du bidon.

Biffard.—Bourgeois.

Biffeton.—Billet de chemin de fer, de théâtre, et aussi lettre.

Biffin.—Chiffonnier.

Biguer.—Echanger.

Billancher.—Payer.

Bince.—Couteau.

Binel.—Faillite.

Birbe.—Vieillard.

Biribi.—Les compagnies de discipline.

Bistrot.—Débitant de boissons.

Biture.—Ivresse.

Blair.—Nez.

Blanc.—Argent.

Blanchisseur.—Avocat.

Blanquette.—Argenterie.

Blave.—Mouchoir.

Blavin.—Mouchoir.

Blaze.—Nom.

Blé.—Argent.

Blèche.—Laid, mal tourné, disgracieux.

Bleu (passer au).—Faire disparaître.

Bleu.—Jeune soldat.

Bleue (la).—L'absinthe.

Bleuet.—Billet de banque.

Blocaus.—Chapeau haut de forme.

Blot.—Prix, affaire.

Bobe.—Chaîne et montre.

Bobine.—Visage.

Bobine (en plâtre).—Montre et chaîne en argent.

Bobine (en jonc).—Montre et chaîne en or.

Boigne (donner une).—Coup, frapper.

Boire.—Recevoir des coups.

Boîte (la).—La préfecture.

Boîte à cornes.—Chapeau.

Boîte à dominos.—Cercueil.

Boîtes au lait.—Les seins.

Bombe (faire la).—Faire la noce.

Bonde.—Prison centrale.

Boniment.—Discours.

Bonir.—Parler.

Bonisseur.—Parade de forain, beau parleur.

Bonnet.—Bonneteau.

Bouchon (prendre, remporter un) échec (ramasser un) tomber.

Boudard.—Boutique.

Boucler.—Fermer, enfermer.

Bouffarde.—Pipe.

Bouffer.—Manger.

Bougnat.—Charbonnier.

Bouibouis.—Endroit mal famé.

Bouif.—Cordonnier.

Bouillotte.—Tête.

Boulanger (le).—Le diable.

Boule de son.—Pain de soldat, ou de prisonnier.

Boulette (faire une).—Se tromper.

Bouler.—renvoyer, recevoir mal quelqu'un.

Bouline.—Fête des marchands en certains lieux.

Boulot.—Ouvrage.

Boulottage.—Nourriture.

Bourbeux.—Paysan.

Bourgue (un).—Un sou.

Bourguignon (le).—Le soleil.

Bourre.—Lutte, accouplement.

Bourrique.—Indicateur de la police.

Boussole.—Tête.

Boutanche.—Boutique.

Bout-Coupé.—Juif.

Boxon.—Maison de tolérance.

Braise.—Argent.

Brancards (les).—Les jambes.

Brêmes.—Cartes à jouer; (être en) fille inscrite à la préfecture.

Brichet ou brignolet.—Pain.

Bricheter.—Pain.

Bridoux.—Fou, idiot, toqué.

Briffer.—Manger.

Broche, brochet.—Souteneur.

Broquille.—Minute, bijoux, boucle d'oreille.

Brûler le dur.—Ne pas payer son voyage.

Brûlotte.—Lanterne.

Brunette.—Nuit.

Bûche.—Tomber, échec.

Bull.—Argent.

Burlingue.—Bureau.

Buter.—Tuer.

Butte (La).—L'échafaud.

C

Cabèche, **caboche**.—Tête.

Cabot.—Chien.

Caboulot.—Cabaret.

Cabriolet.—Entraves au poignet des prisonniers.

Cadène.—Chaîne.

Cadets.—Outils de cambrioleur.

Cafard.—Mouchard.

Caillou.—Tête chauve.

Calancher.—Mourir.

Calbombe.—Chandelle.

Calé.—Riche.

Caler les joues (se).—Bien manger.

Caler.—Ne pas travailler.

Caleur.—Qui ne travaille pas.

Callots (les).—Les yeux.

Calter.—Se sauver, se taire.

Cambriole.—Domicile.

Cambrousier.—Charlatan.

Cambuter.—Changer.

Camelotte.—Marchandise.

Camerluche.—Camarade.

Camoufle.—Chandelle.

Camoufler (se).—Machiner, se grimer, changer d'aspect.

Canard.—Journal, fausse nouvelle.

Canasson.—Mauvais cheval.

Cané.—Paysan riche.

Caner.—Avoir peur.

Canfouine.—Domicile.

Canule.—Personne ennuyeuse.

Capiston.—Capitaine.

Carafe, coco, cornet.—Gorge, gosier.

Carambolage.—Accouplement.

Carapater.—Fuir, se sauver.

Carcagnot.—Brocanteur, usurier.

Carme.—Argent.

Carme à l'estoque.—Fausse monnaie.

Carmer.—Payer.

Carre, carrer.—Cachette, cacher.

Carrée.—Chambre.

Carouble.—Fausse clé.

Carton.—Sans argent; (être) être refait.

Casquer.—Payer.

Casser du sucre.—Dénoncer.

Casser sa pipe.—Mourir.

Casserole.—Mouchard.

Castu.—Hôpital.

Catiche.—Prostituée.

Cavaler.—Se sauver.

Cellotte.—Cellule de prison.

Centre.—Nom.

Centrousse.—Prison centrale.

Cerclé.—Etre pris.

Chambard.—Bruit, tapage.

Champe.—Champagne.

Champigneul.—Garde-champêtre.

Chaparder.—Marauder.

Charlot.—Le bourreau.

Charmante (la).—La gale.

Charrier.—Se moquer de quelqu'un.

Charron (crier au).—Crier avec violence, se plaindre.

Châsses (les).—Les yeux.

Châtaigne.—Coup.

Cherrer.—Serrer, étrangler.

Chialer.—Pleurer.

Chierie.—Ennui.

Chiner.—Blaguer, courir les rues et la campagne pour vendre ou acheter.

Chiper.—Voler.

Chisnouffe.—Coup.

Chlasse.—Ivre.

Chochotte.—Efféminé.

Chocolat (être).—Etre dupé.

Choléra.—Epouse.

Chouette.—Beau, bien.

Chourin.—Couteau.

Cibiche.—Cigarette.

Cinglé.—Ivre.

Cipal.—Garde de Paris.

Citron.—Tête.

Claque.—Maison de tolérance.

Claquer.—Mourir.

Claquer du bec.—Avoir faim.

Clavin.—Clou.

Clignots.—Yeux.

Cliquettes.—Oreilles.

Cloche de bois (déménager à la).—Sans payer, furtivement.

Clou (le).—Le Mont-de-Piété, la prison.

Coffrer.—Emprisonner.

Cogne.—Gendarme.

Coinsto.—Abri.

Colle.—Mensonge; (ça) ça va bien.

Collège.—Prison.

Cols.—(Mes, tes, ses), moi, toi, lui.

Comtois.—Compère.

Commac.—Comme ça.

Condé.—Dispense, permission de s'installer sur la voie publique.

Condition, condice.—Chambre, domicile.

Cônir.—Mourir.

Connerie.—Bêtise, stupidité.

Contrecoup.—Contre-maître.

Convalescence.—Surveillance, interdiction de séjour.

Copaille.—Homme de mœurs douteuses.

Copain.—Camarade, compagnon.

Coquer.—Vendre, dénoncer.

Corbeau.—Frère ignorantin.

Corcifé (le).—La Conciergerie.

Costeau.—Fort, robuste.

Couache.—Tête.

Coule (être à la).—Etre malin, au courant.

Coup de fusil.—Voler.

Couper.—Echapper à un ennui, à une corvée.

Courir (quelqu'un).—L'embêter.

Courtaud.—Commis.

Couverte, couvrante.—Couverture.

Cramser.—Mourir.

Cran (être à).—Etre furieux.

Crâneur.—Vantard.

Craqueur.—Menteur.

Crapaud.—Cadenas, porte-monnaie, enfant.

Cric, crick.—Eau-de-vie.

Croc (avoir les).—Avoir faim.

Croquant.—Paysan.

Croquenot.—Soulier.

Crosse, crosseur.—Avocat général.

Croustille.—Aliments.

Croûter.—Manger.

Cuir.—Peau.

Cuirassé.—A l'abri des maladies.

Cuisinier.—Avocat.

Cuite.—Ivresse.

Culbutant.—Pantalon

Culbute (faire la).—Doubler le bénéfice.

Culot.—Effronterie, le dernier, la fin.

Culotte.—Perte d'argent au jeu; (avoir une) être ivre.

Cul terreux.—Cultivateur; paysan.

Curieux.—Juge.

<hr>

Ous qu'est mon culbutant, mon rase-pet, mon gileton? Où qu't'as planqué mon galure?... V'la une floume qui n'a qu'ses frusques dans la bouillote, et qui laisse mes fringues en débine.

—Où est mon pantalon, ma veste et mon gilet? Qu'est-ce que tu as fait de mon chapeau?... Voilà une femme qui n'est occupée que de ses toilettes, et qui laisse toutes mes affaires en désordre!

<hr>

D

Dab.—Père, patron.

Dabesse.—Mère.

Dabichonne.—Jeune mère.

Dabuche.—Bourgeoise, mère.

Dague.—Couteau.

Dal.—Rien.

Dalège.—Omnibus.

Dalle.—La gorge; (se rincer la) boire.

Dandillante.—Cloche.

Danse (donner une).—Battre quelqu'un.

Dans le dos, le lac, le seau, le sciau.—Etre dupé.

Dardant (le).—L'amour.

Dariole.—Coup.

Daron, onne.—Père, mère.

Daudée.—Volée.

Daufe.—Verge.

Débacher.—Se lever.

Débagouler.—Parler avec abondance.

Déballer.—Soulager ses entrailles.

Déballonner.—S'évader.

Débarquer, **déporter**.—Renvoyer, congédier.

Détectant.—Dégoûtant.

Débine.—Misère.

Débiner.—Critiquer, (se), partir.

Débourrer.—Aller aux water-closets.

Débrouillard.—Arriviste.

Décaniller.—Quitter sa chaise ou son lit.

Décarpiller.—Partager.

Décarrer.—Etre libéré, sortir.

Décartonner (se).—Etre malade, dépérir.

Déchard.—Misérable.

Dèche.—Misère.

Décrochez-moi ça.—Le carreau du Temple.

Défarguer (se).—Se décharger au détriment d'un complice.

Dégeler.—Assassiner.

Déglinguer.—Abîmer, déchirer.

Dégobiller.—Vomir.

Dégrafée.—Prostituée élégante.

Dégraisseur.—Garçon de recettes.

Dégringoler.—Glisser, tomber.

Dégringoleuse.—Prostituée qui dévalise.

Dégueulasse.—Dégoûtant.

Déhotter.—Partir.

Déjeté.—Décrépit.

Demarcouser.—Démarquer.

Démolir.—Assassiner.

Démurger.—S'enfuir.

Dentelle.—Billet de banque.

Déplanquer.—Sortir de prison.

Déplumé.—Chauve.

Dérouiller.—Vendre.

Désatiller.—Châtrer.

Descendre.—Assassiner.

Désosser.—Battre.

Dessalé (être).—Etre dégourdi, à la coule.

Détosse.—Misère.

Dévidage.—Bavardage.

Dévider le jars.—Parler argot.

Dévisser son billard.—Mourir.

Diable.—Agent qui provoque le vol ou l'assassinat.

Digelettes.—Bagues.

Dinguer (envoyer).—Envoyer promener.

Doche.—Mère.

Dombeur.—Pince-monseigneur.

Donner.—Dénoncer.

Dos, **dos vert**.—Souteneur.

Double-six.—Nègre.

Doubleur.—Menteur.

Doubleur de Sorgue.—Voleur de nuit.

Douillard.—Ennuyeux (arg. typo).

Douillard.—Riche; personne, travail ennuyeux.

Douilles.—Cheveux.

Douloureuse (la).—Note de restaurant.

Doussin.—Plomb.

Drague.—Médecin, charlatan, marchand d'onguent.

Drapeau, drap de lit (planter un).—Ne pas payer ses dettes.

Droguer.—Attendre.

Duc de Guiche.—Guichetier.

Duo d'amour.—Les deux yeux pochés.

Dur (être au).—En réclusion; (être dans son), travailler avec énergie.

Dure (la).—La terre.

—**Qu'est-ce que tu fourgues?**

—**De la broquille, aujourd'hui, et du baveux les autres fois.**

—**Elle est bath ta camelotte, d'où qu'elle sort?**

—**D'un gros siam qu'à fait binel.**

—**Quel blot la menée?**

—**Nib, j'ai raqué d'un coup de fusil!**

—Qu'est-ce que tu vends?—De la bijouterie, aujourd'hui, du savon les autres fois.—Elle est belle ta marchandise, chez qui l'as-tu achetée?—Chez un gros négociant qui a fait faillite.—Quel prix la douzaine?—Rien, je l'ai volée!—

E

Eau d'aff ou d'affe.—Eau-de-vie.

Eaux grasses.—Gradé, personnage important, (en dérision).

Éclairer.—Payer.

Écopper.—Recevoir des coups.

Egnaffer.—Étonner.

Egnauler.—Étonner.

Emballé (être).—Etre arrêté.

Emballer (s').—Se mettre vite en colère, s'enthousiasmer, emprisonner.

Embobiner.—Circonvenir, entraîner.

Emboîtage.—Admonestation, aller en prison.

Emboîté.—Suivi et arrêté. Mis à la «boîte».

Emêché (être).—Avoir bu un petit coup de trop.

Empaillé.—Naïf, simple.

Empave.—Drap de lit.

Empiauler.—Emménager.

Empiffrer (s').—Manger avec gloutonnerie.

Empiler.—Duper, voler.

Empileur.—Dupeur.

Emplâtrer.—Battre.

Empoisonneur.—Marchand de vin, restaurant.

Endormir.—Donner confiance afin de tromper.

Enfiler (s').—Boire.

Engrailler.—Arrêter.

Engrainer.—Arriver, entraîner.

Engrayer.—Faire du boniment

Enjuponné.—Juge.

En peau.—Décolleté.

En quarante.—Face à face.

Enquiller.—Entrer.

Entauder.—Entrer.

Entauler.—Emménager, genre de vol des filles publiques.

Entiffrer.—Entrer.

Entifler.——Se marier.

Entoilage.—Arrestation.

Entoilé.—Emprisonné.

Entonner.—Boire beaucoup.

Entraver.—Comprendre.

Entrée (d').—De suite.

Entrer dedans.—Battre.

Enture.—Tromperie.

Envoyer à l'as, à dame.—Abattre jeter quelqu'un à terre.

Épater.—Prendre des grands airs, remplir d'étonnement.

Épingler.—Capturer.

Époilant.—Superlatif d'épatant.

Époiler.—Étonner.

Epprener.—Appeler.

Ermite.—Voleur qui agit seul.

Esbigner (s').—Se sauver.

Esbrouffe.—Embarras.

Esbrouffer.—Intimider, brusquer quelqu'un, prendre des grands airs.

Escarpe.—Assassin.

Escofier.—Tuer, assassiner.

Escole.—Trois francs.

Escracher.—Disputer, engueuler.

Esgourde.—Oreilles.

Esgourder.—Ecouter, entendre.

Esquinter.—Abimer, médire, être affaibli, fatigué.

Estamper.—Voler, duper, escroquer.

Estourbir.—Tuer.

Estuquer.—Partager.

Étaler sa barbaque.—Tomber.

Étouffer.—Cacher.

Étrangler un perroquet.—Boire une absinthe.

Être (l').—Etre cocu.

Être chipé pour, être toqué de.—Aimer.

Étrenner.—Recevoir des coups.

Eustache.—Couteau.

Évanouir.—Disparaître.

Expédier.—Renvoyer (dans l'autre monde), assassiner.

—Je prends la tôle sous un faux blaze, tu feras l'turbin et on s'arrang'ra pour le carme.

—Je prends la chambre sous un faux nom, tu feras le travail et on s'entendra pour l'argent.

—Y fait rien frichbi dans la piôle!... fais du riff.

—Il fait très froid dans la chambre!... fais du feu.

—Si je m'jambonnes avec son orgue, j'boirai; il est pus costeau

qu'mézigue, mais j'ai pas l'flube! Je l'cherre au kik d'autor, des deux pognes, ou je l'tortouse avec mon blave.

—Si je m'bats avec lui, je serai battu; il est plus fort que moi, mais j'ai pas peur! Je le serre au cou d'emblée, des deux mains, ou je l'attache avec mon mouchoir.

F

Fabes.—Poches.

Fabriqué.—Pris, arrêté.

Fabriquer.—Dévaliser.

Fabriquer.—Faire.

Faces.—Argent monnayé.

Fade, **fademuche**.—Partage, part.

Faffe à la manque.—Billet faux.

Faffe lof.—Billets faux.

Faffes.—Papiers d'identité, billets de banque.

Fafiots.—Papiers divers, billets de banque.

Fagot.—Récidiviste.

Faire de l'harmone.—Faire du bruit.

Faire la paire.—Se sauver.

Faire le Jacques.—Faire l'imbécile.

Faire le poireau.—Attendre.

Faire les poches.—Fouiller quelqu'un.

Faire sa poire.—Etre difficile.

Faire suer le chêne.—Tuer quelqu'un.

Faire suisse.—Boire seul.

Faiseur.—Escroc.

Falzar.—Pantalon.

Fanal (le).—La gorge, l'estomac.

Fanande, del.—Ami.

Farguer.—Rougir.

Faridon (être à la).—Etre malheureux.

Fauchants.—Ciseaux.

Fauché.—Sans le sou.

Faucheur (le).—Le bourreau.

Faux (être à la).—Même sens.

Feignasse.—Fainéant.

Fendre l'arche.—Couper une carte avec l'atout.

Ferlampier.—Malfaiteur en tout genres.

Ferme! (la)—Tais-toi.

Fertance.—Paille.

Ferte (bonne).—Bonne aventure.

Fesse.—Femme.

Feuilles de chou.—Oreilles, journal sans importance.

Fiâsses (les).—Eux.

Ficelle (être).—Etre mâlin, rusé.

Fignard.—Postérieur.

Figne.—Anus.

Filature.—Occupation d'un agent qui suit quelqu'un.

Filer.—Suivre.

Filer la comète.—Coucher dehors, à la belle étoile.

Filoche.—Bourse, cravate.

Fion.—Postérieur.

Fiquer.—Prêter.

Flambeau, flanche.—Chose quelconque que l'on connaît.

Flancher.—Avoir peur.

Flanelle (faire).—Entrer dans un établissement et en sortir sans rien acheter ni consommer.

Flaquer.—Satisfaire ses besoins.

Flemme.—Fainéant.

Fleure fesses.—Mouchard, espion.

Flick.—Sergent de ville.

Flingol.—Fusil.

Flôpée.—Raclée, volée.

Floume.—Femme.

Flouan.—Jeu d'argent où l'on vole.

Flotte.—Eau.

Flube.—Peur.

Flûtes.—Jambes.

Focard.—Fou.

Folie.—Poche.

Foresque.—Forains.

Fortanche.—Fortune.

Fouille.—Poche.

Fouillouse.—Poche.

Fouinard.—Chercheur, curieux.

Four (faire).—Manquer une affaire.

Fourbi.—Voir flambeau et flanche.

Fourrer.—Coïter.

Fourgue, fourgat.—Recéleur.

Fourguer.—Vendre.

Fournaise.—Emetteur de fausse monnaie.

Fourneau.—Naïf, imbécile.

Foutaise.—Rien.

Franc-carreau.—La cellule de correction en prison.

Frangin, ine.—Frère, sœur.

Fric.—Argent monnayé.

Fricassée.—Volée de coups.

Fric-frac.—Effraction.

Frichbi.—Froid.

Frichlu.—Froid.

Fricot.—Argent monnayé.

Fricotter.—Faire, travailler.

Frime (pour la).—Pour donner le change.

Fringues.—Vêtements.

Fripe.—Nourriture.

Fripouille.—Canaille.

Frisé.—Juif.

Fromgi.—Fromage.

Frotte (la).—Gale.

Frottin.—Billard.

Frousse.—Peur.

Frusques.—Vêtements.

Fumiste.—Farceur, mystificateur.

Fusain.—Curé.

Fuseaux.—Jambes.

Fusée.—Déjection d'ivrogne.

Fusil.—Estomac.

G

Gâfe.—Geôlier, gardien de prison, chiourme.

Gâfe (faire le).—Faire le guet.

Gâfe à gail.—Garde à cheval.

Gâfe de sorgue.—Garde de nuit.

Gâferie.—Les gardes-chiourmes.

Gaffe.—Dire ou faire une bêtise.

Gail.—Cheval.

Gajard.—Homme robuste (pour gaillard).

Galette.—Argent.

Galtouze.—Argent, et aussi gamelle (en prison).

Galurin.—Chapeau.

Gambettes.—Jambes.

Gamelle (s'attacher une).—S'enfuir.

Gameller (se).—Même sens.

Garçon.—Voleur franc, à qui ses pairs n'ont rien à reprocher; (être) être refait.

Gargue.—La bouche (de gargamelle).

Gau.—Pou.

Gaviot.—Gosier.

Gerbe.—Prison.

Gerbé (être).—Condamné.

Gerce.—Femme.

Gi.—Oui.

Gigolo, **lotte**.—Amant, maîtresse.

Gigots (les).—Les cuisses.

Gilet (le).—La poitrine chez la femme.

Gileton.—Gilet.

Girolle.—Entendu, convenu.

Girond, **gironde**.—Beau, belle.

Giverneur.—Vagabond.

Glace, **glacis**.—Verre à boire.

Glaviot.—Crachat

Glouglou.—Œil poché.

Gnasse.—(Mon) moi, (ton) toi, (son) lui, elle.

Gniaf.—Cordonnier, savetier.

Gniolle.—Imbécile.

Gnognotte.—Rien qui vaille.

Gnole.—Coup.

Gnon.—Coup de poing.

Gobette.—Gobelet.

Godant.—Mensonge.

Godasse.—Chaussures

Goguenot.—Pot de chambre.

Goinfre.—Gourmand.

Gonce, **goncier**.—Individu quelconque.

Gonzesse.—Femme.

Gorinfle.—Masure de campagne.

Goualer.—Chanter.

Goupiner.—Arranger, apprêter un vol.

Gourde, **goudiflot**.—Simple, naïf.

Gourer.—Tromper, se gourer—douter.

Gourmande.—Bouche.

Grande (la).—La grande Roquette.

Grand pré.—Le bagne.

Gras double.—Plomb.

Gratte (faire de la).—Bénéfice malhonnête.

Gratte (la).—La gale.

Gratter (se faire).—Se faire raser, se faire battre; travailler.

Gratouille.—La gale.

Grattouse.—La gale.

Greffer.—Ne pas manger.

Greffier.—Chat.

Grenafe.—Grange.

Grenouille.—Femme.

Gribier.—Soldat.

Griffe.—Plume.

Grillé (être).—Être devancé par un autre.

Grimpant.—Pantalon.

Grinche.—Voleur.

Grue.—Fille publique.

Guette-au-trou.—Sage-femme.

Gueule de bois.—Malaise à la suite d'excès de boisson.

Gueuleton.—Bon repas.

Guibolles.—Jambes.

Guiches.—Accroche-cœurs.

Guinal.—Juif.

Guincher.—Danser.

Guindal.—Verre.

—————————————

—**J'vais m'balader dans la cambrousse après la croustille avec une môme gironde, qui a des mirettes et un bécot égnaulants, des pelottes et un prose à en baver... Je ne te bonis que ça.**

Si qu'on trouve une chouette condisse mince... qu'on sera bath pour le petit lubé.

—Je vais me promener dans la banlieue cet après-midi avec une jolie fille qui a des yeux et une bouche admirables. Des seins, des hanches, je ne te dis que ça.

Pourvu qu'on trouve une chambre confortable, je crois que je serai heureux.

—————————————

H

Haricots (les).—Les orteils.

Haricot vert.—Voleur jeune et hardi.

Harper.—Atteindre, prendre.

Hers.—Patron.

Hirondelles (les).—Les moustaches.

Hirondelles de potence.—Gendarmes.

Hirondelles d'hiver.—Ramoneurs.

Hosto, housteau.—Prison.

Hure.—Tête.

I

Icigo, icicaille.—Ici.

Il pleut!—Exclamation signifiant: «Attention, il y a du danger; voici du monde!»

Impair (faire un).—Une bêtise.

Inspiré (l').—Le front.

Invalo.—Invalide.

Italgo.—Italien.

J, K

Jabot (le).—La gorge.

Jacobin.—Pince de cambrioleur.

Jacques.—Petite pince-monseigneur.

Jambonner (se).—Se battre.

Jardiner.—Médire, débiner quelqu'un.

Jars.—Argot.

Jaspiner.—Parler.

Jésus.—Jeune garçon de mœurs pédérastiques.

Jeter.—Renvoyer, congédier.

Jeune homme (avoir son).—Être gris.

Jonc.—Or.

Journaille.—Journée.

Judée (la).—La préfecture de police.

Juge de paix (le).—Le lit.

Jugeotte.—Jugement, intelligence.

Jules.—Camarade à Thomas: le pot de chambre.

Jus de chapeau.—Café noir.

Kik, **Kiki**.—Cou.

Kilo (un).—Un litre.

Kléber.—Manger.

Klebs.—Chien.

L

Lac (être dans le).—Être perdu, roulé.

Lachard.—Diamant à couper le verre.

Laffe.—Soupe.

Lago.—Là.

Laigre.—Foire.

Lame.—Couteau.

Lampion.—Verre d'eau-de-vie.

Lampistron.—Lanterne.

Lance.—Eau, pluie.

Lancequiner.—Pleuvoir.

Landier.—Douanier.

Landière.—Baraque de forain.

Lanterne.—Fenêtre.

Lantiponner.—Embêter, ennuyer quelqu'un.

Lapheur.—Celui qui fabrique des faux papiers.

Lapin (poser un).—Promettre et ne pas tenir.

Lapin (rude).—Homme fort, audacieux, courageux.

Lapin de corridor.—Domestique.

Laranque.—Quarante.

Larbin.—Domestique.

Lard, lardon, salé.—Enfant.

Larder.—Accoucher.

Largue.—Femme.

Larmon.—Étain.

Larque.—Femme.

Larton, lartif.—Pain.

Lartonnier.—Boulanger.

Latif.—Linge blanc.

Latqué.—Quatre.

Laumir.—Perdre.

Laune.—Agent.

Laver.—Vendre; (se laver les pieds), être relégué.

Lavette.—Langue.

Lavoir.—Confessionnal.

Lazagne.—Lettre.

Lèche-cul.—Peloteur, obséquieux, vil.

Lègre.—Foire, marché.

Lemmefuche.—Femme.

Lentille.—Punaise.

Lerch.—Cher.

Lesbombe.—Femme.

Lésée.—Femme.

Lessiveur.—Avocat.

Leudé.—Deux.

Levage (faire un).—Aller coucher avec une femme.

Levanqué, larantqué.—Deux francs, quarante sous.

Lever le pied.—Filer sans payer ses créanciers.

Lever.—Capturer.

Lidré.—Dix.

Ligottante.—Corde pour ligotter.

Limace.—Chemise.

Linge.—Femme.

Lingre.—Couteau.

Linguer.—Frapper à coups de couteau.

Linqcé.—Cinq.

Linvé.—Vingt

Lipette.—Client naïf.

Liquette.—Chemise.

Litré.—Trois.

Litrée.—Litre.

Litron.—Litre.

Loches.—Oreilles.

Loitré.—Trois.

Longe.—Année.

Longe.—Couteau.

Lorgne.—Le postérieur.

Louarfs.—Fortifications.

Louche.—La main.

Louchonne.—Lune.

Louf, **Loufoque**.—Fou.

Loufiat.—Garçon de café.

Louftingue.—Fou.

Loupiot.—Enfant

Lourde.—Porte.

Lubé.—Affaire; (le petit) faire l'amour.

Lucarnes.—Les yeux.

Luisant, luisard.—Le soleil.

Luisante.—Fenêtre.

Luisante, luisarde.—La lune.

Lusquin.—Charbon.

—Calletez au boniment, la nonzesse du gon entrave.

—Qu'est-ce que c'est que cette gonzesse-là?

—Une bonne ferte, elle est entiflée de sec avec sécolle, le roumani qui mène un flouan.

—Et la misionne lago, entiflée aussi avec tézigue?

—Gy, mais à la colle de béziers!

—Tais-toi, la femme comprend.—Qu'est-ce que c'est que cette femme-là?—C'est une diseuse de bonne aventure, mariée légitimement avec lui, le romanichel qui tient un jeu d'argent (ou jeu de voleur).

—Et la jeune fille ici, mariée aussi... avec toi?—Oui, mais pas légitimement!

M

Mac.—Souteneur.

Macchabée.—Cadavre, généralement de noyé.

Macrotin.—Jeune souteneur.

Madrice.—Ruse, malice.

Magnes.—Manière.

Mal blanchi.—Nègre.

Maltouse.—Fraude, contrebande.

Manchiste.—Mendiant (de manchot).

Mandale.—Gifle.

Manger le morceau.—Dénoncer ses complices.

Manger sur l'orgue.—Charger un complice.

Mangeur de blanc.—Souteneur.

Maquecée, **maquerelle**.—Tenancière de maison de tolérance.

Maquereau.—Souteneur.

Maquiller.—Farder, déguiser, changer d'aspect, vendre.

Marcheuse.—Femme qui fait le trottoir.

Marcouse.—Carte marquée par le bonneteur.

Maré!—Interjection qui signifie: «Assez!»

Margoulin.—Petit patron, petit industriel.

Mariolle.—Malin, roublard.

Marlou.—Souteneur.

Marloupin.—Jeune marlou.

Marmite.—Prostituée qui a un souteneur.

Marner.—Travailler.

Marque de cé.—Femme de voleur.

Marquet.—Mois.

Marron.—Livre imprimé clandestinement.

Masser.—Travailler.

Mastroquet.—Marchand de vin.

Mathurins.—Dés pipés.

Matois.—Matin.

Mauve.—Absinthe.

Mèche.—Quart, être de moitié.

Mèche.—Moyen (pas mèche: pas moyen); de mèche, de connivence.

Mechillon.—Quart.

Meg des megs.—Dieu.

Mendigot.—Mendiant.

Menée (une).—Une douzaine.

Ménesse.—Femme.

Menteuse.—Langue.

Mercandier.—Marchand.

Merlan.—Coiffeur.

Meulard.—Veau.

Meulé.—Vidé.

Mézigue, **mon orgue**.—Moi.

Miché.—Riche client d'une fille.

Micheton.—Petit miché.

Mie de pain (à la).—De peu de valeur.

Mie de pain à ressort.—Pou.

Mijou.—Malade.

Millé.—Billet de mille francs.

Millerie.—Loterie de camelot dans les foires.

Mince!—Expression à peu près équivalente à «zut!»

Mion.—Enfant.

Mirettes.—Yeux.

Mirquin.—Bonnet.

Mirzales.—Pendants d'oreilles.

Misloque.—Théâtre.

Mistonne.—Jeune fille.

Mistoufle.—Misère.

Mitan.—Milieu.

Mitard.—Cellule.

Molard.—Crachat.

Môme.—Petit, jeune, enfant.

Mominette.—Petit verre d'absinthe.

Monouille.—Monnaie.

Montante.—Échelle.

Monte en l'air.—Cambrioleur.

Monter le job.—Même sens.

Monter un bateau.—Tromper.

Montretout (aller à).—Fille publique qui va à la visite.

Morbac.—Morpion.

Mordre.—Voir.

Morfe.—Repas.

Morfiler.—Manger.

Morlingue.—Porte-monnaie.

Mornifle.—Fausse monnaie, gifle.

Mouchard, mouche.—Policier.

Moucharde (la).—La lune.

Moulin à vents.—Le derrière.

Mouscaille.—Déjections.

Moussante.—Bière.

Mouton.—Prisonnier qui dénonce ses co-détenus.

Muron.—Sel.

Musicien.—Détenu qui vend ses complices.

Musiciens.—Haricots.

—Mets les voiles t'es mordu, passe-moi le pébroque, la lipette a bonne envie de se faire faucher, on va le repêcher un peu plus haut.

—Sauvons-nous, tu es vu, passe-moi le parapluie; le client a envie de se faire prendre son argent, nous le retrouverons plus haut.

N

Naqueter.—Attendre.

Naz, **Nase**.—Nez.

Négresse.—Puce.

Négresse.—Bouteille de vin.

Nep.—Intermédiaire pour la vente de décorations.

Neuille.—Nuit.

Nib.—Rien.

Nibé.—Affaire.

Nichons.—Seins.

Nière.—Passant, individu.

Nif.—Non.

Nobler.—Connaître.

Nonzesse.—Femme.

Noque.—orge.

Nord (le).—La tête.

Nousailles.—Nous.

Nouvelle (la).—La Nouvelle-Calédonie.

Nouzières.—Nous.

Nouzig.—Nous.

Numéro.—Individu.

—Qu'est-ce que tu fricottes maintenant?

—Monte-en-l'air, j'ai justement un nibé pas trop à la manque dans le ciboulot. Faut démurger une viocque de sa cambriole, y a des talbins dans sa quarante et du jonc planqué dans des vieilles godasses. J'suis d'mèche avec le torchepot qui m'a rancardé.

—Ben, si t'as besoin d'caroubles, d'sucre de pomme ou d'un p'tit Jacques, mon gniass te les fiqueras.

—Qu'est-ce que tu fais?—Cambrioleur, j'ai une affaire assez bonne dans la tête. —Faut faire partir une vieille de sa chambre, il y a des billets de banque dans sa table et de l'or caché dans des vieilles chaussures. Je suis de moitié avec le domestique qui m'a renseigné.

—Si tu as besoin de fausses clefs, d'une pince-monseigneur ou d'une petite pince, je te les prêterai.

—Enquille, môme, et boucle la lourde. Patronne un kil et deux gobelets, qu'on s'rince la dalle.

—Entre, enfant, et ferme la porte. Patronne un litre et deux verres que l'on se rafraîchisse le palais.

O

Objet.—Maîtresse.

Occase.—Aubaine.

Oches.—Oreilles.

Odalisque.—Prostituée.

Œil (à l').—À crédit.

Œil à la coque.—Œil poché.

Officemar.—Officier.

Ogresse.—Tenancière de caboulot. Proxénète.

Oignon (l').—L'anus.

Oignon.—Grosse montre.

Oiseau.—Individu.

Omnibus.—Prostituée.

Omnibus à Crôni.—Corbillard.

Oncle.—Guichetier de prison.

Oreillard.—Baudet, âne.

Orgue.—Homme. Ce mot est aussi un pronom: Mon orgue: moi; ton orgue: toi; son orgue: lui; etc.

Orner le front.—Cocufier.

Ornichon.—Volaille: oie, poule, canard...

Orphelin.—Bandit.

Orphelin.—Bout de cigare ou bout de cigarette; mégot.

Os (avoir de l').—Avoir de l'argent.

Oseille (la fourre à l').—Essayer de tromper.

Oseille.—Argent.

Osselets (les).—Les doigts.

Osto.—Prison.

Ours.—(poser un) bavarder longuement.

Oursier.—Qui aime à causer souvent.

Outil.—Terme de mépris, personne nulle.

—Allons la catiche, vass au r'file de l'auber que je te raque une liquette, la tienne me débecq'te.

—Allons la fille, donne-moi ton argent que je te paye une chemise, la tienne me dégoûte.

—J'entaude de riff à la piôle, et j'décarre pas d'icicaille avant qu'ton gniasse ait été au r'file de la galtouze!

—J'entre de force dans la maison, et je ne pars pas d'ici avant que tu m'aies donné l'argent!

P

Paf.—Être ivre.

Pagne.—Lit.

Pagnotter.—Se coucher.

Paillasse à soldats.—Fille de garnison.

Paille au cul (avoir la).—Quitter le régiment en sortant de prison.

Pain.—Coup.

Paire (se faire la).—Se sauver.

Palabre.—Discours ennuyeux.

Pallas.—Ce mot à deux significations: comme substantif il veut dire: discours, boniment; comme adjectif il signifie: beau superbe.

Palpitant (le).—Le cœur.

Pampine.—Sœur, béguine, nonne.

Panade.—Être dans la misère.

Panais.—Chemise; pan de chemise.

Panamiste.—Qui a touché de l'argent dans l'affaire du Panama. (Ce mot est usuel).

Panier.—Lit.

Panier à salade.—Voiture servant à transporter les gens en prévention et les condamnés.

Panier percé.—Homme qui dépense tout.

Pante, **pantre.**—Victime, individu.

Pante, **pantre.**—Bourgeois qui se laisse duper.

Pantin, **pantinois.**—Paris, parisien.

Pantruche.—Paris.

Panuche.—Femme élégante.

Papelard.—Papier.

Paquet.—Homme ou femme, épais et naïf.

Parade (une).—Une observation, garantie.

Parc aux huîtres.—Mouchoir.

Paré.—À l'abri du besoin.

Paroufle.—Paroisse.

Passe (maison de).—Maison hospitalière.

Passer à tabac.—Occupation ordinaire des agents envers ceux qu'ils arrêtent; assommade à coups de botte et de casse-tête.

Passé-singe.—Malin, rusé.

Passifs (les).—Les souliers.

Patatro.—Fuite.

Patelin.—Pays.

Patiner (se).—Se dépêcher.

Paumer.—Perdre.

Paumé (être).—Être pris, empoigné.

Pébroque.—Parapluie.

Pégosse.—Pou.

Pègre, **pégriot**.—Voleur; petit voleur.

Peigne-cul.—Voyez fleure-fesses.

Peinard (en).—Doucement.

Pélago.—Sainte-Pélagie.

Pélo.—Sou.

Pelotes.—Seins.

Pelure.—Paletot.

Péniches.—Souliers.

Pépettes.—Sous, argent.

Pépin (avoir un).—Avoir un caprice.

Percher.—Loger.

Perlot.—Tabac.

Perroquet.—Absinthe.

Persil (faire son persil).—Faire le trottoir.

Peste, **pestaille**.—Agent de la sureté.

Pet (il y a du).—Il y a du danger.

Pétard, patard.—Sou.

Pétard (faire du).—Faire de l'esclandre.

Pétasse.—Sale femme.

Pétrousquin.—Paysan.

Petzouille.—Même sens.

Pèze.—Argent.

Piaule.—Maison.

Picter.—Boire.

Pièce de dix sous.—Anus.

Pied.—Partage.

Pieds-de-biches (polisseur de).—Mendiant à domicile.

Pierreuse.—Fille publique.

Pieu.—Lit.

Pige.—Année.

Pile (recevoir une).—Recevoir une volée.

Pinceau.—Balai.

Pinces (les).—Les mains.

Pingaud.—Joli, élégant, poli, bien élevé.

Pingre.—Avare.

Piôle.—Maison.

Pioncer.—Dormir.

Pisser une côtelette, **pondre**.—Accoucher.

Pistole.—Pièce de dix francs.

Piton.—Nez.

Pive.—Vin.

Pivois.—Vin.

Placarde.—Place.

Plamuf.—Coup.

Plan (le).—Le-mont-de-Piété. La prison.

Planque.—Cachette.

Planquer (mettre en planque).—Accumuler.

Plâtre.—Argent.

Plomb.—Estomac, gosier.

Plombe.—Heure.

Plombé.—Avarié.

Plumard.—Lit.

Plumer (se).—Se coucher.

Plumes.—Cheveux.

Pochetée.—Imbécile.

Pochon.—Coup.

Pognes.—Mains.

Pognon.—Argent.

Poil (avoir du).—Être solide, d'attaque.

Poire.—Électeur, un naïf.

Poissé (être).—Être pris en flagant délit.

Poitou.—Public.

Poivrier.—Dévaliseur d'ivrognes.

Poivrot.—Ivrogne.

Polochon.—Traversin.

Pomper.—Boire.

Ponante.—Prostituée.

Poniffe, **ponifle**.—Raccrocheuse.

Porcif.—Portion.

Portefeuille.—Lit.

Postige.—Boniment du camelot sur la voie publique.

Postillon.—Jet de salive en parlant.

Poteau.—Ami.

Pouffiasse.—Vieille fille publique.

Poule.—Femme.

Poule d'eau.—Blanchisseuse.

Préfectance (la).—La préfecture de police.

Prendre.—Être frappé, prendre pour son rhume, prendre la pipe, la purge, la piquette, etc.

Problock.—Propriétaire.

Profondes (les).—Les poches.

Proprio.—Même sens.

Prose.—Postérieur.

Prouter.—Murmurer; n'être pas content.

Pucier.—Et non poussier. Lit. (Où il y a des puces).

Punaise.—Femme publique.

Purée.—Absinthe.

Purée (être dans la).—Être dans la misère.

Purge (donner une).—Frapper, (recevoir une) être rossé.

Purotain.—Miséreux.

Putain.—Mot bien français.

—Tu t'esbignes du patelin?

—**Ah! gy alors! j'en ai marre de la cambrousse.**

—**Où qu'tu t'tires?**

—**À Pantin! Tu radines avec mézigue?**

—**Ça colle, y a qu'Pantruche pour turbiner sans dèche.**

—Tu t'en vas du pays?

—Ah! oui alors, j'en ai assez de la campagne.—Où t'en vas-tu?—À Paris! Tu viens avec moi?—Ça va, il n'y a qu'à Paris où l'on puisse travailler sans ennui.

Q

Quand-est-ce?—Bienvenue d'un nouvel ouvrier dans un atelier. C'est lui qui le paie.

Quart, ou **Quart d'œil**.—Commissaire de police.

Queue de cervelas.—Promenade de prisonniers.

Queutif.—Ardent en amour.

Qui a la barbe.—Ivre.

Qui a le trac, qui la connaît.—Malicieux, malin.

Qui en tient une couche.—Bête.

Quiller.—Battre.

Quiqui (le).—Le cou.

Quinquets.—Yeux.

Qui sorgue à la paire.—Sans domicile.

Quoquerel.—Rideau.

J'ai les crocs, et j'suis sans un, je m'taperais bien l'chou pourtant.

—Allons, vieux fiass, amènes-toi, on morfille à 11 plombes dans cette piôle... six bourgues la porcif.

—Qu'est-ce qu'on briffe?

—Une semelle aux musiciens.

—Qu'est-ce qui raque?

—Mézigue... à la paire.

—Gy! Mais si on fait l'piôlier au Saint Jules, il peut jacter sur nouzailles au quart?

—J'men tamponne les châsses, il a pas mon centre, j'suis paré.

—J'ai faim et je suis sans un sou, je mangerai bien pourtant.—Allons! viens vieux frère, on mange à 11 heures dans cette maison, et pour six sous la portion. —Qu'est-ce qu'on mange?—Un bifteck aux haricots.—Qu'est-ce qui paye?— Moi, en me sauvant!—Mais si on se sauve sans payer, le patron causera sur nous au commissaire?—Je m'en moque, il n'a pas mon nom, je suis à l'abri.

—Tu dévides le jars?

—Comme dabe et dabuche, mais j'entrave que dal à ce que m'bonis técolles!

—Tu parles l'argot?—Comme père et mère, mais je ne comprends rien de ce que tu me dis!

R

Rabiages.—Rentes.

Rabibocher.—Se remettre en camaraderie après avoir été fâché.

Rabiot.—Temps en plus, en prison ou au régiment.

Rabouin (le).—Le diable.

Raclette (la).—La police.

Racoler.—Raccrocher des hommes.

Radiner.—Revenir.

Radis noir.—Prêtre.

Râfle.—Arrestation en masse.

Raisiné.—Sang.

Rallonge.—Couteau.

Ramasser une pelle.—Tomber.

Rancarder.—Renseigner.

Rancart (mettre au).—Jeter ce qu'on ne veut plus, un renseignement.

Randève.—Rendez-vous.

Râpe.—Dos (le vrai mot est râble).

Rappliquer.—Revenir.

Rappointis.—Vieux outils.

Raquer.—Payer.

Rase-pet.—Veste.

Raseur.—Bavard ennuyeux.

Rater.—Manquer une affaire.

Ratiboisé.—Décavé, sans le sou.

Ratichon.—Prêtre.

Rebiffer.—Recommencer, (se) se défendre.

Rechâsser.—Regarder.

Réchauffante.—Perruque.

Rèche.—Sou.

Recorder.—Prévenir.

Rédain.—Grâce de condamné.

Redingne.—Redingote.

Redresse (à la).—Au courant.

Refiler.—Donner.

Refroidir.—Tuer.

Regout.—Rancune.

Reluquer.—Regarder.

Remoucher.—Même sens.

Renard (cracher un).—Vomir étant ivre.

Renaud (être à renaud).—En colère.

Renauder.—Même sens.

Renifle (la).—La Sûreté.

Renquiller.—Rentrer.

Repiquer.—Recommencer.

Repousser du goulot.—Avoir mauvaise haleine.

Ressaut.—Voyez **Renaud**.

Retape (faire la).—Faire le trottoir.

Ribouis.—Souliers.

Richonner.—Rire.

Riff.—Feu, d'autorité.

Rigodons.—Souliers.

Rincer la dalle.—Boire un coup.

Riole.—Ruisseau, rivière.

Riole (être en).—Être pochard.

Ripatons.—Souliers.

Rire jaune.—À contre-cœur.

Romains.—Claqueurs au théâtre.

Romané, romanichel.—Bohémien.

Ronchonner.—Marronner.

Ronflant.—Beau, bien, agréable.

Rossignol.—Fausse clef.

Rossignol.—Marchandise défraîchie.

Rotin.—Sou.

Roublard.—Rusé, malin et sans scrupule.

Roue (être à la).—Être à la coule.

Roue de derrière.—Pièce de cinq francs.

Rouget.—Cuivre.

Rouillarde.—Bouteille de bon vin.

Roullarde.—Blouse.

Roulotte.—Voiture.

Roulottier.—Voleur dans les voitures.

Roupie.—Laid, mauvais, sans valeur.

Roupiller.—Dormir.

Rouspétance.—Rebellion.

Rousse, roussin.—Tout ce qui touche à la police.

Rousselette.—Rien, moins que rien.

Roustir.—Prendre.

Rupin.—Riche.

<hr>

—J'viens d'tirer deux piges pour la mornifle et tézigue?

—Moi j'suis en trique icigo, pour cinq berges.

—Je viens de faire deux ans de prison pour avoir fabriqué de la fausse monnaie, et toi?—Moi, je suis sous la surveillance de la police ici, pour cinq ans.

<hr>

—Me voilà de la zone... je vais pioncer sur les louarfs, il n'y a que le champigneul—Il ne bonit que dal si tu l'affranchis avec un guindal.

—Me voilà sans abri, obligé de coucher sur les fortifications, il n'y a que le garde-champêtre.—Il ne dira rien si tu lui offres une consommation.

<hr>

S

Sabir.—Forêt.

Sabot.—Bateau.

Sac (avoir le).—Etre riche.

Sac d'os.—Personne maigre.

Saigner.—Tuer.

Saint-Dorne.—Tabac.

Sainte-Touche.—La paye.

Saint-Jules.—Partir sans payer.

Saint-Lago.—Saint-Lazare.

Saint-Père.—Tabac.

Salsifis (les).—Les doigts.

Sapé.—Condamné.

Sapement.—Jugement.

Satou.—Bois.

Saumon.—Personne riche.

Savoyarde.—Malle.

Schproum.—Bruit, esclandre.

Scion.—Couteau.

Semelle.—Bifteck.

Sentinelle.—Etron.

Sergot.—Sergent de ville.

Siam.—Marchand.

Sifflet.—Habit à queue de morue.

Signe.—Pièce de vingt francs.

Singe.—Patron.

Sinve.—Homme naïf.

Solir.—Vendre.

Sondeur.—Malin hypocrite.

Sorbonne.—Tête.

Sorgue.—Nuit.

Sort-l'eau.—Souliers.

Soufrante.—Allumette.

Soupé!—Assez!

Souricière.—Piège tendu par la police.

Sucre de pomme.—Pince-monseigneur.

Surbine.—Surveillance.

Surin.—Couteau.

Suriner.—Assassiner.

――――――――――

—S'y t'faut un costeau pour serrer les mecs à la dure pense a mézigo!

S'il te faut un homme solide pour taper sur quelqu'un pense à moi!

――――――――――

T

Tabar.—Manteau.

Taf—Peur.

Tafouilleux.—Chiffonnier.

Tal.—Postérieur.

Talbin.—Billet.

Tambouille.—Soupe, ragoût, portion.

Tamponner.—Battue.

Tante.—Pédéraste.

Tapée.—Abondance, affluence.

Taper quelqu'un.—Lui emprunter de l'argent

Tapette.—Pédéraste.

Tapette.—Langue, homme de mœurs douteuses.

Tapis.—Débit où se réunissent les malfaiteurs.

Tapissage.—Arrestation.

Tarte.—Coup.

Tartine.—Chaussures.

Tasse.—Nez.

Tasseau.—Nez.

Taule.—Demeure, domicile, chambre.

Teigne.—Méchant.

Théière,—Urinoir.

Thune.—Pièce de cinq francs.

Tierce.—Bande, association.

Tiffes.—Les cheveux.

Tine.—Foule.

Tiolée.—Plusieurs.

Tirant.—Bas.

Tire-jus.—Mouchoir.

Tirelire.—Tête.

Tiremirettes.—Bazar.

Tirer.—Faire, (se) partir.

Tingo.—Fou.

Tocante.—Montre.

Tocard.—Laid.

Toc.—Laid, de peu de valeur.

Toc-toc.—Fou.

Tôle.—Demeure, domicile.

Torchée.—Bataille.

Tord-boyaux.—Eau-de-vie.

Tortiller.—Manger.

Tortorer.—Même sens.

Tortouse.—Corde.

Tortouser.—Attacher.

Toupie.—Femme.

Tour (la).—La préfecture de police.

Tournante.—Clef.

Tourniquet.—Correctionnelle, conseil de guerre.

Tourte.—Bête, imbécile.

Trac.—Peur.

Train 11 (le).—Les jambes.

Trefle.—Tabac.

Trépigner.—Battre.

Treppe.—Foule, public.

Tricoter les côtes.—Battre.

Trimard.—Chemin.

Trimarder.—Voyager à pied.

Trimer.—Travailler.

Tringle.—Rien.

Trinquer.—Être battu.

Trique.—Surveillance.

Trique-poux.—Coiffeur.

Trôler.—Vendre en marchant.

Trompion.—Clairon.

Tronche.—Tête.

Trône (le).—Le siège des cabinets.

Trottin.—Jeune ouvrière ou apprentie parisienne.

Trottinet.—Chaussures.

Troufion.—Postérieur, soldat.

Trouille.—Peur.

Trouilloter.—Sentir mauvais.

Trousse.—Postérieur.

Troussier.—Assassin.

Truc.—Signifie n'importe quoi, comme fourbi.

Truche.—Aumône.

Truffe.—Naïf, imbécile.

Truqueur.—Malin.

Tubard.—Nez.

Tube.—Chapeau haut-de-forme, nez.

Tuber.—Bouder, être en colère.

Turbin.—Travail.

Turne.—Maison, domicile, atelier.

Tuyau.—Renseignement.

Type.—Individu.

—Mon pauv' vioc, j'ai douze sappements; au treizième, j'y coupe pas, j'vas me laver les pieds!

—Mon pauvre vieux, j'ai douze condamnations, à la treizième, je serai condamné à la relégation.

—Qu'est-ce que t'affure sur ton bobino?

—Mèche et méchillon.

—Quel bénéfice as-tu sur ta montre?

—Le double et un quart.

U, V

Urb.—Parloir de prison.

Urbin.—Apprenti souteneur.

Urf.—Chic.

Urle.—Parloir de prison.

Vache.—Tout agent de la police.

Vade.—Foule, multitude.

Vadrouiller.—Faire la noce, tard, et en plusieurs endroits.

Vag.—Vol.

Valade.—Poche.

Valant.—Pince de cambrioleur.

Vanne.—Tout ce qui est faux en général.

Vanné.—Fatigué d'avoir nocé.

Vanterne.—Fenêtre.

Veau.—Femme publique.

Veinard.—Qui a de la chance.

Verni (être).—Avoir de la chance.

Verte (la).—L'absinthe.

Veste (remporter une).—Manquer une affaire.

Vestige.—Haricots, pitance de prison.

Veuve (la).—La guillotine.

Viltouze (la).—La Villette.

Vinasse.—Mauvais vin.

Vingt-deux.—Couteau.

Vingt-deux!—Attention!

Vioc, oque.—Vieux, vieille.

Violon.—Cellule de poste de police.

Viscope.—Casquette.

Vitelotte.—Nez.

Voile (mettre les).—Se sauver.

Vousaille.—Vous.

Vrille.—Tribade.

—J'la crève, viens-tu prendre un glace chez l'bougnat?

—Qu'est-ce que tu t'enfiles: une pure, une almazone, une tomate, une hussarde ou une mominette?

—Un guindal de pivois sans lance.

—J'ai soif; viens-tu prendre une consommation chez le charbonnier? Qu'est-ce que tu bois: une absinthe pure, une gommée, avec grenadine, très forte ou un petit verre d'absinthe?

—Un verre de vin sans eau.

W, X, Y, Z

Wagon.—Vieille femme usée par la débauche.

Youpin.—Juif.

Youtre.—Même sens.

Zéphyr.—Soldat des bataillons d'Afrique.

Zigue.—Camarade.

Zinc.—Comptoir de marchand de vin.

Z'yeuter.—Regarder, guetter

—Faut s'débâcher pour aller grater, y aurait qu'tringle à becqueter dans la carrée, si j'allais pas aux épinards c'matois, mon choléra ressauterait et les salés gueuleraient au charron pour l'artif. C'est assez qu'hier, j'suis revenu carton.

—Faut que je me lève pour aller travailler, car il n'y aurait pas de quoi manger dans la maison, si je ne touchais pas d'argent ce matin, ma femme crierait et les enfants demanderaient du pain. C'est assez qu'hier je n'en ai pas touché.

Les camelots ou les chanteurs au coin des rues, crient souvent à leurs compères:

—Cavale! cavale! v'la une pestaille!

—Sauve-toi! sauve-toi! voilà un agent de la Sûreté.

Camelots, rue du Croissant:

—Quel blot, qu'on raque le papelard?

—Laranque et mèche, pour solir un rond, ça fait la culbute quoi.

—Si j'turbine, on marche au fad' much'?

—Gy!

—Qu'est-ce qu'on bonit?

—Un vanne à la manque, pour faire casquer le treppe. On cavale au louf!

—Combien paye-t-on le papier? Deux francs cinquante, pour vendre un sou, ça fait la moitié de bénéfice. Si je travaille on partage?—Oui!—Qu'est-ce que l'on annonce?—Une fausse nouvelle pour faire acheter le public. On court comme des fous.

FIN